Lebensraum - Lebenstraum
Sein im Gezeitenmeer

Spotlight VI

Text und Bilder

von

Beate Hefler

Das Buch:

Worauf wir unseren Spot, also unser Licht werfen, dahin fällt unser Fokus.
Spotlight VI beleuchtet den Wandel unseres Lebensraums im Gezeitenmeer.

Ich wünsche Ihnen ein segensreiches Sein und viel Freude beim Leben Ihres
Lebenstraums.

Die Autorin:

Seit 2005 bin ich als freischaffende Künstlerin und Autorin tätig.

Weitere Informationen finden Sie unter:

www.beate-hefler.de

www.so-wow.net

Lebensraum - Lebenstraum
Sein im Gezeitenmeer

Spotlight VI

Text und Bilder

von

Beate Hefler

Bibliografische Information der Deutschen Nationalbibliothek

Die Deutsche Nationalbibliothek verzeichnet diese Publikation in der Deutschen Nationalbibliografie; detaillierte bibliografische Daten sind im Internet über http://dnb.d-nb.de abrufbar.

Impressum

Die Bilder auf den Seiten 2, 4 und 5 stammen aus dem Stadtmuseum Ingolstadt.

Abdruck dieser Bilder mit freundlicher Genehmigung des Ingolstädter Stadtmuseums.

Herzlichen Dank hierfür!

Herstellung und Verlag: BoD- Books on Demand, Norderstedt

ISBN 978-3-7519-5745-8

Manche Häuser sind für das Gesicht einer Stadt markant. Rein äußerlich unterscheiden sie sich kaum von anderen Gebäuden, dennoch haben sie etwas an sich, dass sich uns einprägt. Fällt ihr Name im Gespräch, dann hat das ortskundige Gegenüber ein genaues Bild vor Augen und wo in der Stadt es angesiedelt ist.

Wir denken die Dinge sind, wie sie sind, bis zu dem Moment wo sie nicht mehr so sind. Erst durch Veränderung wird uns deutlich, welche Bedeutung etwas, das nun anders ist oder das jetzt weg ist für uns hatte. In der Abwesenheit erkennen wir die Lücke, des scheinbar Selbstverständlichen.

Wie eine Mutter die ihren Kindern die Pausenbrote täglich belegt, wird die Bedeutung erst klar, wenn sie an einem Tag keine vorbereitet hat.

In dieser Woche wurde mir dies im Zusammenhang mit dem Abriss des Hauses BÜROPA klar. Viele Jahrzehnte war es ein Orientierungspunkt an der Kreuzung Goethe- Schillerstraße. Es brauchte einige Tage um die BÜROPA abzureißen.

Dieses Mauerwerk hat die Menschen dieser Stadt im Laufe der Jahre und Jahrzehnte in unterschiedlicher Weise begleitet. Ursprünglich diente es in den Anfangsjahren als Ort der Entspannung, als Kino mit laufenden Bildern auf der Leinwand und im Kopf der Zuschauer.

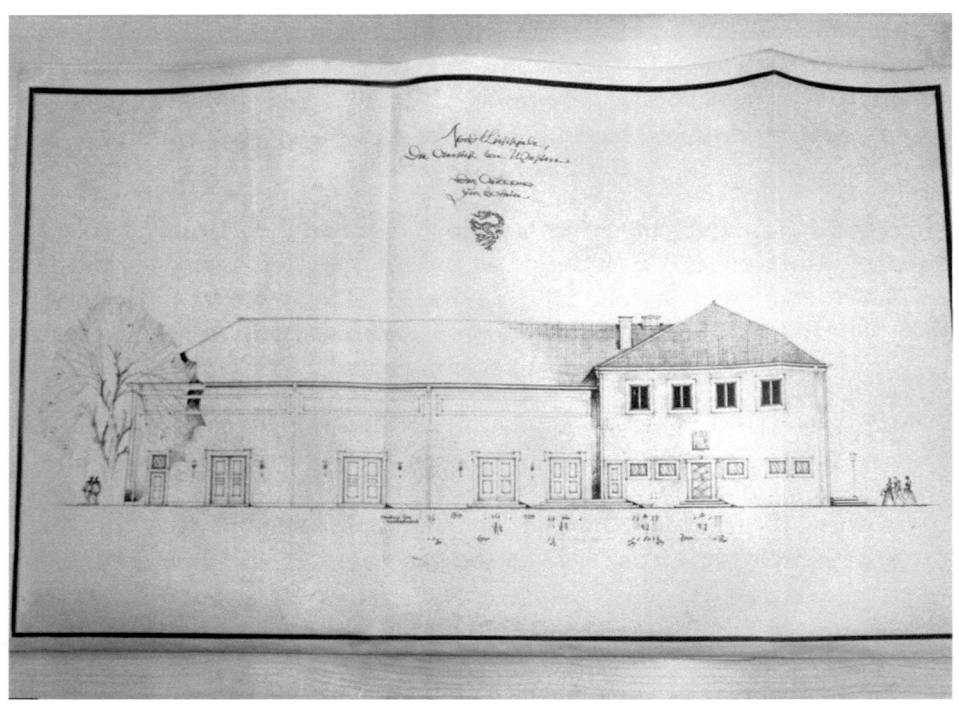

Diese Gebäudezeichnung stammt aus den 1950er Jahren. Abdruck mit freundlicher Genehmigung des Stadtmuseums Ingolstadt.

In seiner Lebensmitte wurde die Leinwand und der Filmprojektor gegen eine Ladeneinrichtung eingetauscht. Die Menschen konnten nun an diesem Ort Lebensmittel einkaufen.

Zuletzt war es ein Laden für Bürobedarf in dem die Kunden sechs Tage die Woche bedient wurden.

So änderten sich im Lauf der Jahre die Bedürfnisse der Menschen und das Gebäude machte diesen Wandel mit.

Bildabdruck mit freundlicher Genehmigung
des Stadtmuseums Ingolstadt.

Bildabdruck mit freundlicher Genehmigung
des Stadtmuseums Ingolstadt.

Nach einigen Jahrzehnten hat nun das Haus ausgedient, es soll nicht mehr umgebaut oder restauriert werden. Etwas vollkommen Neues soll entstehen.

In wenigen Tagen ist dieses Haus aus dem Stadtbild verschwunden und in unseren Köpfen noch immer vorhanden. Jetzt ist dieses Gebäude Geschichte, um den Platz frei zu machen für eine neue Möglichkeit der Gestaltung des bekannten Bildes einer Örtlichkeit.

Wie wird das, was hier entsteht, die Menschen begleiten und prägen? Eine Antwort ist erst möglich, wenn wir die neue Geschichte kennen.

Weinbergschnecken tragen Häuser. Sie tragen diese mit sich herum. Wollen sie Abstand von der Außenwelt nehmen, dann ziehen sie sich in ihr Schneckenhaus zurück.

Steinzeitmenschen lebten in Höhlen, sie benutzen die von der Natur bereits gegebenen Rückzugsmöglichkeiten, als Grundlage.

Die Entwicklung schritt voran. Unsere Vorfahren lebten als Nomaden in Zelten oder einfachen Bauten aus Ästen und Materialien aus der Natur, diese schützten sie vor Wind und Wetter. Zogen sie weiter, so konnten die Behausungen leicht abgebaut und mitgenommen werden, egal wohin ihr Weg sie führte.

Die Lebensweise der Menschen änderte sich erneut, als sie
begannen sesshaft zu werden.
Nun begannen sich die Familien oder Sippen in größere
Verbände zusammenzuschließen. Sie ließen sich nun an Orten
nieder und gründeten Dörfer und Städte um hier
zusammenzuleben und sich gegenseitig mit
z. B. Waren und Dienstleistungen zu unterstützen.
Ihre Bedürfnisse begannen sich proportional zum Fortschritt
zu ändern…

So lehrt es uns die Geschichte.

Cut * Schnitt * ca. 7 Jahre danach…

Nun ist die Zeit reif, das Begonnene zu vollenden. Die Jahre zwischen Beginn und Beendigung des Buches waren nötig, damit in dieser Zeitspanne Leben gelebt werden konnte und die Änderungen im Leben stattfinden konnten, die für die weiteren Zeilen wichtig sind.

Was ereignete sich im Lauf der Jahre?

Das neue Haus ist nun auch schon älter. Es hat sich als Wohnhaus für Studenten entpuppt.

Im Grundriss ist es dem Vorgängergebäude nachempfunden, nur dass es etwas höher und länger ist und nun keinen Geschäftsbetrieb mehr beherbergt, sondern viele Menschen die kommen und gehen um an diesem Ort vorübergehend zu leben.

Meine Wohnung befindet sich in direktem Sichtkontakt mit dem damaligen Abrisshaus.

Ich wohne in einem ca. 80- jährigen Altbau. Mir sowie allen anderen Bewohnern wurde in den dazwischen liegenden Jahren mitgeteilt, dass unser Haus nun ebenfalls Geschichte ist und einem modernen Neubau mit mehr Wohnfläche und Bewohnern weichen wird. Wohnraumverdichtung…

Nun erlebe ich den Prozess ca. 7 Jahre später aus der gegenüberliegenden Perspektive. Nicht mehr als Zuschauerin, sondern als Beteiligte.

Nun ist die Zeit unseres Wohnhauses abgelaufen ohne, dass wir es bemerkt hätten.

Für uns als Bewohner hatte sich nichts gravierend verändert. Das Haus war bereits ein Altbau mit seinen Zipperlein hier und da als wir es bezogen. Änderungen vollziehen sich schleichend. Es gibt immer eine gewisse Toleranzzeit, die einem das Leben gewährt, bis eine Entscheidung für oder gegen eine Sache notwendig wird.

So ist es nun also mit unserem Zuhause geschehen. Die Verantwortlichen sahen sich nach Ablauf der Toleranzzeit vor die Wahl gestellt, Kernsanierung oder Abriss. Sie entschieden sich für letzteres. Nachdem wir Bewohner über diese Entscheidung informiert wurden, begann diese neue Tatsache langsam in unserem Bewusstsein anzukommen.

Mittlerweile werden die Vorbereitungen auch äußerlich sichtbar. Auszüge der Bewohner, verlassene Wohnungen, Bodenvermessungen, Architekten, die den Platz vermessen….

So eröffnet sich nun für alle Menschen, die dieses Haus als Zuhause bezeichnet haben, ein Neuanfang, da sich der Kreis schließt und das Gewohnte vergeht und in wenigen Wochen nicht mehr existieren wird.

So sind wir nun alle frei, neue Wege hin zu neuen Häusern und Chancen zu betreten. Die alten, gemeinsamen Pfade sind nun offenkundig zu Ende.

An diesem Ort wird ein neues Gebäude, für neue Menschen, mit anderen Bedingungen entstehen und so trennen sich die Wege dieses Ortes, des Hauses und der Menschen, um Raum zu schaffen für eine neue Realität.

Dankbar betrachte ich diese meine Zeitreise an diesem Ort.

Dieses Haus war für mich ein wunderbarer Lehrer, mit einem großen und weiten Herz. Hier durfte ich viel über mich, die Menschen und das Leben erkennen und erfahren.

Danke, liebes Haus. Danke für all die Begegnungen und das Wachstum, die du mir eröffnet hast.

Heute vor 20 Jahren bin ich hier in dich eingezogen und nun ziehe ich bereichert und dir entwachsen weiter.
Ich bin gespannt, wo und wie sich mein Neuanfang gestaltet.

Liebe Leserinnen und lieber Leser, in diesem Spotlight bringe ich in Kürze meine Gedanken zum Thema Leben, Veränderung, Gebäude, Abriss, Transformation und Neubeginn zum Ausdruck.

Ich wünsche Ihnen ein reichhaltiges Leben mit viel Freude an den Änderungen in Ihrem Sein. Wachstum zu immer mehr Leichtigkeit und Vertrauen in das Leben, dass sich alles immer zum Bestmöglichen entfaltet, auch wenn wir es so manches Mal erst im Nachhinein begreifen.

Namaste.

Die Schneckenfrage

Was macht eine Schnecke mit Haus?

Sie kriecht im Schneckentempo.

Sie frisst. Sie schläft.

Sie schenkt der Welt Schneckenkinder.

Sie hat keinen Beruf.

Ihre Kinder gehen nicht in den Schneckengarten.

Sie baut keine Schneckenstraßen.

Sie arbeitet nicht in der Schneckenfabrik.

Sie lebt ihr Leben, bis es zu Ende ist.

Sie hinterfragt nichts.

Da sie kein Ego hat, ist sie selbstlos in der Welt.

Sie ist voll und ganz, was sie ist.

Eine Schnecke mit Haus.

Die Welt sorgt für ihren Lebensunterhalt.

Sie hält die Welt im Gleichgewicht,

weil sie eine Schnecke ist,

ein Schnecke mit Haus.

Sägespäne

Sägespäne fliegen - setzt du den Hobel
an deiner Gewohnheitsfassade an

erleichtert atmet die Maserung
an den Fassadenbrettern
frischen Wind

die Meise singt ihr Frühlingslied
und sieht nicht die Schattenflügel
der Möwe - unten am Kanal

entlang der Zeitlinie fliegt
der Kreislauf des Lebens!

Mehr Informationen finden Sie unter:
www.beate-hefler.de
www.so-wow.net